PetraBaron

Die Ernährungsexpertin Petra Baron, geboren 1969, hat zahlreiche Erfahrungen mit Diäten und Ernährungsprogrammen gesammelt — und unterstützt seit Jahren Menschen, die ihr Wohlfühlgewicht erreichen wollen. In Seminaren und Vorträgen vermittelt sie die wichtigsten Tipps und Tricks vor allem in Sachen Denkmuster. Denn ohne Stress und Druck abzunehmen, funktioniert nur, wenn wir das Problem nicht so verkrampft anfassen. Petra Baron zeigt, wie wir unser Denken verändern, um mit Freude und Leichtigkeit zu einer gesunden und schlanken Ernährung zu finden. Petra Baron ist Krankenschwester, Heilpraktikerin für Psychotherapie und Ernährungsberaterin.

www.petrabaron.de

Petra Baron

Die Pizza-Diät

Diary

Dein Buch

–

Deine Geschichte

–

Dein Erfolg

Die Pizza-Diät – Diary
Dein Buch – Deine Geschichte – Dein Erfolg

© 2019 by Petra Baron
Fotos und Layout: Nicole Pethke
Redaktion: Thilo Baum
Verlag und Druck: tredition GmbH, Halenreie 42, 22359 Hamburg
1. Auflage 2019

ISBN: 978-3-7469-8643-2

Inhaltsverzeichnis

Willkommen in deinem Buch!

Vielen Dank, dass du mein Diary gekauft hast. Ich bin mir sicher: Es wird dein Leben verändern.

66 Tage für ein neues Leben! Wie schnell wird eine Tätigkeit zur Gewohnheit? Nach 66 Tagen — laut einer Studie des University College London.

Mit diesem Buch hältst du ein wirkungsvolles Instrument in Händen, das dich in den nächsten 66 Tagen begleiten und unterstützen wird. Es erinnert dich an die schönen Dinge in deinem Alltag und an all das Positive, das du geschafft hast.

Du musst nicht von einer leichteren Zukunft träumen. Du kannst deinem Leben die positive Wendung geben, die du dir wünschst.

Lebe das Hier und Jetzt bewusster. Konzentrier dich auch die vielen kleinen Dinge, die das Leben schön machen. Jeden Tag gestaltest du dieses Buch und füllst es mit deinen Erlebnissen, Erinnerungen, mit deinem Leben. Realisier so deine Träume und schreib dich glücklich.

Dieses Buch ist eine Einladung, deinem Glück näher zu kommen. Jeden Tag konzentrierst du dich auf deine Stärken, auf das, was dir gut tut. So kommst du ganz einfach deinem Wohlfühlgewicht und deinen Wohlfühlzielen immer näher.

Dein Selbstbild, deine Glaubenssätze, deine Selbstliebe und ein fürsorglicher Umgang mit dir selbst sind die Grundlage für ein zufriedenes Leben.

Da du dich für dieses Buch entschieden hast, gehe ich davon aus, dass du dich öfter wohlfühlen und ein zufriedenes Leben möchtest. Dann darf ich dir gratulieren: Dieses Buch ist der richtige Schritt und zeigt, dass du ehrlich etwas verändern willst. Nimm dir die Zeit und beantworte jeden Tag die Fragen, die du im Buch findest. Du wirst überrascht sein, was sich in deinem Alltag verändern wird, und wie viel Positives in dein Leben kommt.

Diese Übungen sind nach neuesten wissenschaftlichen Erkenntnissen erarbeitet worden. Von daher wäre es sehr schade, wenn du dieses Buch nur einmal durchblätterst und es dann im Schrank verschwindet. Diese Übungen funktionieren nämlich nur, wenn du sie auch machst. Doch dann können sie tatsächlich eine Menge in deinem Leben verändern.

Es lohnt sich, denn du hast es verdient, dass es dir gut geht, dass du dich wohlfühlst, stolz auf dich bist und du dich selbst liebst.

Das heißt: Ab heute keine Selbstvorwürfe und kein Druck mehr. Beantworte die Fragen, damit du erkennst, was für ein toller Mensch du bist, was du alles schon schaffst und wie schön du bist.

Ich habe dieses Buch für dich entwickelt, damit du all das erkennst und auch selbst glaubst. Mir ist es sehr wichtig, dass du genau das erkennst. Wir Frauen neigen dazu, uns selbst zu unterschätzen. Wir sind ganz schnell dabei, uns abzuwerten, und haben oft das Gefühl, nicht gut genug zu sein. Ich kenne das auch von mir. Auch ich habe mich früher immer auf meine − vermeintlich − negativen Punkte konzentriert. Ich habe nicht gemerkt, wie mir das geschadet hat. Erst als ich anfing, mir diese Fragen selbst zu beantworten, fiel mir auf, wie meine Gedanken mir mein Leben jeden Tag schwerer gemacht haben. Damals wusste ich nicht, wie ich das ändern konnte. Damit du nicht in die gleiche Falle tappst, zeige ich dir hier, wie du diesen Fehler vermeidest.

Meine Vision ist es, dass wir alle sehen, was für tolle Menschen wir sind. Wir lassen uns nicht mehr verunsichern, denn wir wissen, was wir können und machen in 66 Tagen positives Denken zur Gewohnheit.

Jetzt viel Erfolg und vor allem auch viel Spaß bei der Umsetzung!

»Ungeschehene
Tatsachen
lösen immer
einen katastrophalen
Mangel

an Folgen aus.«

Dr. med. Eckart von Hirschhausen (*1967)

Wozu schreibst du dieses Diary?

Wenn jemand ein Tagebuch schreibt, wird das festgehalten, was am Tag so passiert ist. In dem Buch steht genau das, worauf man sich konzentriert hat. Und das ist leider oft das Negative. Blättern wir alte Tagebücher durch, finden wir oft das, was uns nicht gefallen hat, was nicht geklappt hat, worüber wir uns geärgert haben ...

Der Mensch richtet seinen Fokus auf das, was seiner Stimmung entspricht. Und wenn du mit dir unzufrieden bist, nicht magst, was du im Spiegel siehst, oder negativ von dir denkst, werden dir genau die Gegebenheiten auffallen, die dieses Bild bestätigen. Dabei übersiehst du schnell all die schönen Dinge. Das ist normal, macht dir das Leben aber nicht leichter. Und es entspricht auch nicht der Realität. Seit jeher ist unser Gehirn darauf programmiert, nach Gefahren zu suchen. Wir nehmen das Schlechte stärker wahr als das Gute.

Mit jedem negativen Gedanken bröckelt dein Selbstvertrauen. Denn all diese Punkte scheinen deine Zweifel zu bestätigen. Und am Ende glaubst du, dass diese Zweifel berechtigt seien.

In uns stecken so viele Schätze! Lass uns sie alle hervorholen und ans Licht bringen. Wenn du deine Schätze bergen möchtest, mach dir das Ausfüllen dieses Tagebuches zur festen Gewohnheit. Es kann Wunder wirken. Dein Gehirn wird durch die tägliche Konzentration auf das Gute »neu verdrahtet«, und alte Programme treten in den Hintergrund. Es ist wichtig, dass du die Fragen regelmäßig beantwortest. Vielleicht abends, am Ende des Tages, hältst du in Stichworten deine Antworten fest. Kurze Notizen — das reicht, um langfristig deine Stimmung zu ändern. Und wie du vielleicht schon aus meinem Buch »Die Pizza-Diät Warum du essen darfst, was du willst« weißt, ist die Basis dein Selbstbild. Am Ende geht es darum, dass du mit dir zufrieden bist. Solange du gegen dich und deinen Körper kämpfst, wirst du die Zufriedenheit nicht erreichen. Deine Ziele sind schwerer und mit mehr Aufwand zu erreichen. Eine dauerhafte Umstellung ist so nicht möglich.

Wenn du heute nicht das Gute im Leben findest und nicht dankbar sein kannst, wirst du nächsten Monat oder nächstes Jahr auch nicht dankbar für das sein, was dann kommen wird.

Was war heute schön und besser als erwartet? Wie hast du es dir gutgehen lassen? Und was möchtest du morgen vielleicht etwas besser machen? Das ist der Fokus, zu dem dich dieses Tagebuch motivieren will.

Wenn dir ein Ziel noch zu groß oder zu weit entfernt erscheint, ist dieses Buch genau richtig für dich. Du musst nicht alles sofort auf einmal umsetzten. Sei morgen nur ein kleines bisschen besser, motivierter, achtsamer — oder was immer dich deinem Ziel näherbringt. Das ist das Geheimnis. Es ist der Unterschied zu den großen unerreichbaren Zielen. Das Tagebuch hilft dir, die richtige Balance zu finden.

Also: Nimm die nächsten hundert Tage dieses Tagebuch täglich in die Hand und beantworte die Fragen. Die Struktur erscheint dir vielleicht auf den ersten Blick sehr einfach. Doch das Konzept basiert auf wissenschaftlichen Erkenntnissen und ist so gestaltet, dass du es ohne großen Aufwand in deinen Alltag einbauen kannst.

Das Ausfüllen dauert nur wenige Minuten. Also funktioniert die Standardausrede »Ich habe keine Zeit« hier nicht. Und so schaffst du ein einzigartiges Werk deiner schönen Erinnerungen. Es zeigt dir, was du brauchst, um dich richtig wohlzufühlen. Es ist dein Werk, es sind deine Erlebnisse und du lernst dich so neu oder besser kennen. Du siehst, welche Dinge dich glücklich machen, und womit du dich wohlfühlst.

Nimm dir Zeit, die kleinen schönen Momente und Erfolge in deinem Leben zu feiern. Damit du dich so richtig wohlfühlst. Denn genau das hast du verdient.

Übrigens: Vor dem Diary findest du einen »Wohlfühl-Notfallplan«. Der ist dafür da, wenn es dir mal nicht so gut geht. Und um deine Stärken geht es auch gleich danach — damit du dich immer wieder aufbauen kannst. Schließlich findest du, als Startseite deines Diary, eine Beispielseite. So ähnlich kannst du die Fragen beantworten, wenn du dein Tagebuch ausfüllst.

»Das Vergleichen
ist das Ende des Glücks
und der Anfang
der Unzufriedenheit.«

Søren Kierkegaard (1813—1855)

Mein Wohlfühl-Notfallplan

Es gibt Tage, da denkt man schon beim Aufstehen: Wäre ich mal besser liegen geblieben. Für diese Tage oder auch für Momente, in denen es nicht so läuft, ist dieser Notfallplan da. Füll ihn aus und such dir in solchen Momenten einen Punkt aus, der dir hilft, dich wieder besser zu fühlen.

Als Kind war ich glücklich, als:

_____

_____

_____

Bei dieser Musik steigt meine Stimmung:

_____

_____

_____

Das tue ich am liebsten:

_____

_____

_____

Hier fühle ich mich richtig wohl:

_____

_____

_____

Ich bin stolz auf:

_____

_____

_____

Entspannen kann ich am besten, wenn:

_____

_____

_____

Diese Menschen tun mir gut:

_____

_____

_____

Meine Stärken

Oft erkennen wir nicht mehr, was wir schon alles geleistet und geschafft haben. Wir sehen gar nicht mehr, wie schön, wie wertvoll wir sind und was wir schon alles können. Hier ist deine Gedankenstütze! Und noch ein Rat von mir für dich ganz persönlich: Frag mindestens eine Freundin, ob sie nicht noch ein paar weitere Antworten für dich hat. Du wirst sehen, da kommen eine Menge toller Dinge zusammen.

Das kann ich besonders gut:

_____

_____

_____

Das ist besonders schön an mir:

_____

_____

_____

Meine Freunde schätzen besonders an mir, dass ich:

_____

_____

_____

In diesen Bereichen lerne ich schnell:

_____

_____

_____

Diese Dinge habe ich richtig gut hinbekommen:

_____

_____

_____

Diese Dinge würden ohne mich nicht so gut klappen:

_____

_____

_____

Diary

Wochentag: _Montag_   Datum: _2. Juli_

Meine Stimmung heute war: 😊 😐 😐 ☹️

| Deshalb war dieser Tag besonders: | _habe nach Ewigkeiten Sonja wiederge-_ _troffen, lebt jetzt in Mainz und hat_ _einen neuen Job._ |

„Let it go" im Radio heute früh
meine Ernährung hat super geklappt

| Dafür bin ich dankbar: |

So habe ich mir es heute gut gehen lassen:

habe mich in die Sonne gesetzt und einen Kaffee
genossen

Tolle Dinge, die ich heute erlebt habe:

habe alles geschafft, was ich mir vorgenommen hatte

| Heute habe ich Folgendes gelernt: | _nicht aufregen, erstmal atmen_ |

strukturiert und fokussiert bleiben,
wenn wir den Urlaub besprechen

| Für morgen nehme ich mir vor: |

Wochentag: _____ Datum: _____

Meine Stimmung heute war: 😊 😐 😐 ☹️

Deshalb war
dieser Tag
besonders:
_____
_____
_____

_____
_____
_____
Dafür bin ich
dankbar:

So habe ich mir es heute gut gehen lassen:

_____
_____
_____

Tolle Dinge, die ich heute erlebt habe:

_____
_____
_____

Heute habe
ich Folgendes
gelernt:
_____
_____
_____

_____
_____
_____
Für morgen
nehme ich
mir vor:

Wochentag: _____ Datum: _____

Meine Stimmung heute war: 🙂 😐 😐 🙁

| Deshalb war dieser Tag besonders: | _____
_____
_____ |

_____
_____ | Dafür bin ich dankbar: |
_____

So habe ich mir es heute gut gehen lassen:

_____
_____
_____

Tolle Dinge, die ich heute erlebt habe:

_____
_____
_____

| Heute habe ich Folgendes gelernt: | _____
_____
_____ |

_____
_____ | Für morgen nehme ich mir vor: |
_____

Wochentag: _____ Datum: _____

Meine Stimmung heute war: 😊 😐 😕 ☹️

Deshalb war
dieser Tag
besonders:
_____
_____
_____

_____
_____
_____
Dafür bin ich
dankbar:

So habe ich mir es heute gut gehen lassen:

_____
_____
_____

Tolle Dinge, die ich heute erlebt habe:

_____
_____
_____

Heute habe
ich Folgendes
gelernt:
_____
_____
_____

_____
_____
_____
Für morgen
nehme ich
mir vor:

Wochentag: _____ Datum: _____

Meine Stimmung heute war: 😊 😐 😐 ☹️

Deshalb war dieser Tag besonders:

_____
_____
_____

_____
_____
_____

Dafür bin ich dankbar:

So habe ich mir es heute gut gehen lassen:

_____
_____
_____

Tolle Dinge, die ich heute erlebt habe:

_____
_____
_____

Heute habe ich Folgendes gelernt:

_____
_____
_____

_____
_____
_____

Für morgen nehme ich mir vor:

Wochentag: _____ Datum: _____

Meine Stimmung heute war: 😊 😐 😑 ☹️

Deshalb war dieser Tag besonders:
_____
_____
_____

_____
_____
_____
Dafür bin ich dankbar:

So habe ich mir es heute gut gehen lassen:

_____
_____
_____

Tolle Dinge, die ich heute erlebt habe:

_____
_____
_____

Heute habe ich Folgendes gelernt:
_____
_____
_____

_____
_____
_____
Für morgen nehme ich mir vor:

Wochentag: _____ Datum: _____

Meine Stimmung heute war: 😊 😐 😶 ☹️

Deshalb war dieser Tag besonders:
_____
_____
_____

_____
_____
_____
Dafür bin ich dankbar:

So habe ich mir es heute gut gehen lassen:

_____
_____
_____

Tolle Dinge, die ich heute erlebt habe:

_____
_____
_____

Heute habe ich Folgendes gelernt:
_____
_____
_____

_____
_____
_____
Für morgen nehme ich mir vor:

Wochentag: _____Datum: _____

Meine Stimmung heute war: 😊 😐 😶 ☹️

Deshalb war dieser Tag besonders:

_____
_____
_____

_____
_____
_____

Dafür bin ich dankbar:

So habe ich mir es heute gut gehen lassen:

_____
_____
_____

Tolle Dinge, die ich heute erlebt habe:

_____
_____
_____

Heute habe ich Folgendes gelernt:

_____
_____
_____

_____
_____
_____

Für morgen nehme ich mir vor:

Wochentag: _____ Datum: _____

Meine Stimmung heute war: 😊 😐 😐 ☹️

Deshalb war dieser Tag besonders:
_____
_____
_____

_____
_____
_____
Dafür bin ich dankbar:

So habe ich mir es heute gut gehen lassen:

_____
_____
_____

Tolle Dinge, die ich heute erlebt habe:

_____
_____
_____

Heute habe ich Folgendes gelernt:
_____
_____
_____

_____
_____
_____
Für morgen nehme ich mir vor:

Wochentag: _____ Datum: _____

Meine Stimmung heute war:

Deshalb war
dieser Tag
besonders: _____
_____
_____

_____
_____   Dafür bin ich
_____   dankbar:

So habe ich mir es heute gut gehen lassen:

_____
_____
_____

Tolle Dinge, die ich heute erlebt habe:

_____
_____
_____

Heute habe
ich Folgendes
gelernt: _____
_____
_____

_____
_____   Für morgen
_____   nehme ich
mir vor:

Wochentag: _____ Datum: _____

Meine Stimmung heute war: 😊 😐 😐 ☹️

Deshalb war
dieser Tag
besonders:

_____

_____

_____

_____

_____

_____

Dafür bin ich
dankbar:

So habe ich mir es heute gut gehen lassen:

_____

_____

_____

Tolle Dinge, die ich heute erlebt habe:

_____

_____

_____

Heute habe
ich Folgendes
gelernt:

_____

_____

_____

_____

_____

_____

Für morgen
nehme ich
mir vor:

» Erfolg hat nur,
wer etwas tut,
während er
auf den Erfolg wartet. «

Thomas Alva Edison (1847—1931)

Wochentag: _____ Datum: _____

Meine Stimmung heute war: 😊 😐 😐 ☹️

Deshalb war dieser Tag besonders:
_____
_____
_____

_____
_____
_____
Dafür bin ich dankbar:

So habe ich mir es heute gut gehen lassen:

_____
_____
_____

Tolle Dinge, die ich heute erlebt habe:

_____
_____
_____

Heute habe ich Folgendes gelernt:
_____
_____
_____

_____
_____
_____
Für morgen nehme ich mir vor:

Wochentag: _____ Datum: _____

Meine Stimmung heute war:

Deshalb war dieser Tag besonders:
_____
_____
_____

_____
_____
_____
Dafür bin ich dankbar:

So habe ich mir es heute gut gehen lassen:

_____
_____
_____

Tolle Dinge, die ich heute erlebt habe:

_____
_____
_____

Heute habe ich Folgendes gelernt:
_____
_____
_____

_____
_____
_____
Für morgen nehme ich mir vor:

Wochentag: _____ Datum: _____

Meine Stimmung heute war: 😊 😐 😐 ☹️

Deshalb war dieser Tag besonders:
_____
_____
_____

_____
_____
_____
Dafür bin ich dankbar:

So habe ich mir es heute gut gehen lassen:

_____
_____
_____

Tolle Dinge, die ich heute erlebt habe:

_____
_____
_____

Heute habe ich Folgendes gelernt:
_____
_____
_____

_____
_____
_____
Für morgen nehme ich mir vor:

Wochentag: _____ Datum: _____

Meine Stimmung heute war: 😊 😐 😐 🙁

Deshalb war dieser Tag besonders:
_____
_____
_____

_____
_____
_____
Dafür bin ich dankbar:

So habe ich mir es heute gut gehen lassen:

_____
_____
_____

Tolle Dinge, die ich heute erlebt habe:

_____
_____
_____

Heute habe ich Folgendes gelernt:
_____
_____
_____

_____
_____
_____
Für morgen nehme ich mir vor:

Wochentag: _____ Datum: _____

Meine Stimmung heute war: 😊 😐 😑 ☹️

| Deshalb war dieser Tag besonders: | _____ _____ _____ |

_____
_____
_____ Dafür bin ich dankbar:

So habe ich mir es heute gut gehen lassen:

_____
_____
_____

Tolle Dinge, die ich heute erlebt habe:

_____
_____
_____

Heute habe ich Folgendes gelernt: _____
_____
_____

_____
_____
_____ Für morgen nehme ich mir vor:

Wochentag: _____ Datum: _____

Meine Stimmung heute war: 😊 😐 😐 ☹️

Deshalb war
dieser Tag
besonders:
_____
_____
_____

_____
_____
_____
Dafür bin ich
dankbar:

So habe ich mir es heute gut gehen lassen:

_____
_____
_____

Tolle Dinge, die ich heute erlebt habe:

_____
_____
_____

Heute habe
ich Folgendes
gelernt:
_____
_____
_____

_____
_____
_____
Für morgen
nehme ich
mir vor:

Wochentag: _____ Datum: _____

Meine Stimmung heute war: 😊 😐 😕 🙁

| Deshalb war dieser Tag besonders: | _____ _____ _____ |

_____
_____
_____ | Dafür bin ich dankbar: |

So habe ich mir es heute gut gehen lassen:

_____
_____
_____

Tolle Dinge, die ich heute erlebt habe:

_____
_____
_____

| Heute habe ich Folgendes gelernt: | _____ _____ _____ |

_____
_____
_____ | Für morgen nehme ich mir vor: |

Wochentag: _____ Datum: _____

Meine Stimmung heute war: 😊 😐 😐 🙁

Deshalb war
dieser Tag
besonders:
_____
_____
_____

_____
_____
_____
Dafür bin ich
dankbar:

So habe ich mir es heute gut gehen lassen:

_____
_____
_____

Tolle Dinge, die ich heute erlebt habe:

_____
_____
_____

Heute habe
ich Folgendes
gelernt:
_____
_____
_____

_____
_____
_____
Für morgen
nehme ich
mir vor:

Wochentag: _____ Datum: _____

Meine Stimmung heute war: 🙂 😐 😐 🙁

Deshalb war
dieser Tag
besonders:

_____
_____
_____

_____
_____
_____

Dafür bin ich
dankbar:

So habe ich mir es heute gut gehen lassen:

_____
_____
_____

Tolle Dinge, die ich heute erlebt habe:

_____
_____
_____

Heute habe
ich Folgendes
gelernt:

_____
_____
_____

_____
_____
_____

Für morgen
nehme ich
mir vor:

Wochentag: _____ Datum: _____

Meine Stimmung heute war: 😊 😐 😕 ☹️

Deshalb war
dieser Tag
besonders:

_____
_____
_____

_____
_____
_____

Dafür bin ich
dankbar:

So habe ich mir es heute gut gehen lassen:

_____
_____
_____

Tolle Dinge, die ich heute erlebt habe:

_____
_____
_____

Heute habe
ich Folgendes
gelernt:

_____
_____
_____

_____
_____
_____

Für morgen
nehme ich
mir vor:

»Man muss sich durch die

kleinen Gedanken,

die einen ärgern,

immer wieder hindurchfinden

zu den großen Gedanken,

die einen stärken.«

Dietrich Bonhoeffer (1906–1945)

Wochentag: _____ Datum: _____

Meine Stimmung heute war: 😊 😐 😐 ☹️

| Deshalb war dieser Tag besonders: | _____ _____ _____ |

_____
_____   Dafür bin ich
_____   dankbar:

So habe ich mir es heute gut gehen lassen:

_____
_____
_____

Tolle Dinge, die ich heute erlebt habe:

_____
_____
_____

| Heute habe ich Folgendes gelernt: | _____ _____ _____ |

_____
_____   Für morgen
_____   nehme ich
                                     mir vor:

Wochentag: _____ Datum: _____

Meine Stimmung heute war: 🙂 😐 😕 ☹️

Deshalb war
dieser Tag
besonders:
_____
_____
_____

_____
_____
_____
Dafür bin ich
dankbar:

So habe ich mir es heute gut gehen lassen:

_____
_____
_____

Tolle Dinge, die ich heute erlebt habe:

_____
_____
_____

Heute habe
ich Folgendes
gelernt:
_____
_____
_____

_____
_____
_____
Für morgen
nehme ich
mir vor:

Wochentag: _____ Datum: _____

Meine Stimmung heute war: 🙂 😐 😐 ☹️

Deshalb war dieser Tag besonders:
_____
_____
_____

_____
_____
_____
Dafür bin ich dankbar:

So habe ich mir es heute gut gehen lassen:

_____
_____
_____

Tolle Dinge, die ich heute erlebt habe:

_____
_____
_____

Heute habe ich Folgendes gelernt:
_____
_____
_____

_____
_____
_____
Für morgen nehme ich mir vor:

Wochentag: _____ Datum: _____

Meine Stimmung heute war: 😊 😐 😑 ☹️

Deshalb war dieser Tag besonders:
_____
_____
_____

_____
_____
_____
Dafür bin ich dankbar:

So habe ich mir es heute gut gehen lassen:

_____
_____
_____

Tolle Dinge, die ich heute erlebt habe:

_____
_____
_____

Heute habe ich Folgendes gelernt:
_____
_____
_____

_____
_____
_____
Für morgen nehme ich mir vor:

Wochentag: _____ Datum: _____

Meine Stimmung heute war: 😊 😐 😕 ☹️

Deshalb war dieser Tag besonders:
_____
_____
_____

_____
_____
_____
Dafür bin ich dankbar:

So habe ich mir es heute gut gehen lassen:

_____
_____
_____

Tolle Dinge, die ich heute erlebt habe:

_____
_____
_____

Heute habe ich Folgendes gelernt:
_____
_____
_____

_____
_____
_____
Für morgen nehme ich mir vor:

Wochentag: _____ Datum: _____

Meine Stimmung heute war: 😊 😐 😐 ☹️

Deshalb war dieser Tag besonders:
_____
_____
_____

_____
_____
_____
Dafür bin ich dankbar:

So habe ich mir es heute gut gehen lassen:

_____
_____
_____

Tolle Dinge, die ich heute erlebt habe:

_____
_____
_____

Heute habe ich Folgendes gelernt:
_____
_____
_____

_____
_____
_____
Für morgen nehme ich mir vor:

Wochentag: _____ Datum: _____

Meine Stimmung heute war: 😊 😐 😑 ☹️

Deshalb war dieser Tag besonders:

_____
_____
_____

_____
_____
_____

Dafür bin ich dankbar:

So habe ich mir es heute gut gehen lassen:

_____
_____
_____

Tolle Dinge, die ich heute erlebt habe:

_____
_____
_____

Heute habe ich Folgendes gelernt:

_____
_____
_____

_____
_____
_____

Für morgen nehme ich mir vor:

Wochentag: _____ Datum: _____

Meine Stimmung heute war: 🙂 😐 😐 ☹️

| Deshalb war dieser Tag besonders: | _____ _____ _____ |

_____
_____
_____ Dafür bin ich dankbar:

So habe ich mir es heute gut gehen lassen:

_____
_____
_____

Tolle Dinge, die ich heute erlebt habe:

_____
_____
_____

| Heute habe ich Folgendes gelernt: | _____ _____ _____ |

_____
_____
_____ Für morgen nehme ich mir vor:

Wochentag: _____ Datum: _____

Meine Stimmung heute war: 😊 😐 😕 ☹️

Deshalb war
dieser Tag
besonders:
_____
_____
_____

_____
_____
_____
Dafür bin ich
dankbar:

So habe ich mir es heute gut gehen lassen:

_____
_____
_____

Tolle Dinge, die ich heute erlebt habe:

_____
_____
_____

Heute habe
ich Folgendes
gelernt:
_____
_____
_____

_____
_____
_____
Für morgen
nehme ich
mir vor:

Wochentag: _____ Datum: _____

Meine Stimmung heute war: 😊 😐 😕 ☹️

Deshalb war dieser Tag besonders:	_____
	_____
	_____

_____	Dafür bin ich dankbar:
_____	
_____	

So habe ich mir es heute gut gehen lassen:

_____
_____
_____

Tolle Dinge, die ich heute erlebt habe:

_____
_____
_____

Heute habe ich Folgendes gelernt:	_____
	_____
	_____

_____	Für morgen nehme ich mir vor:
_____	
_____	

»Wenn du die Absicht hast,

dich zu erneuern,

tu es jeden Tag.«

Konfuzius (vmtl. 551–479 v.C.)

Wochentag: _____ Datum: _____

Meine Stimmung heute war: ☺ 😐 😐 ☹

Deshalb war dieser Tag besonders:	_____
	_____
	_____

_____	Dafür bin ich dankbar:
_____	
_____	

So habe ich mir es heute gut gehen lassen:

_____
_____
_____

Tolle Dinge, die ich heute erlebt habe:

_____
_____
_____

Heute habe ich Folgendes gelernt:	_____
	_____
	_____

_____	Für morgen nehme ich mir vor:
_____	
_____	

Wochentag: _____ Datum: _____

Meine Stimmung heute war: 😊 😐 😕 ☹️

Deshalb war
dieser Tag
besonders:
_____
_____
_____

_____
_____
_____
Dafür bin ich
dankbar:

So habe ich mir es heute gut gehen lassen:

_____
_____
_____

Tolle Dinge, die ich heute erlebt habe:

_____
_____
_____

Heute habe
ich Folgendes
gelernt:
_____
_____
_____

_____
_____
_____
Für morgen
nehme ich
mir vor:

Wochentag: _____ Datum: _____

Meine Stimmung heute war: 😊 😐 😐 ☹️

Deshalb war dieser Tag besonders:
_____
_____
_____

_____
_____ **Dafür bin ich dankbar:**
_____

So habe ich mir es heute gut gehen lassen:

_____
_____
_____

Tolle Dinge, die ich heute erlebt habe:

_____
_____
_____

Heute habe ich Folgendes gelernt:
_____
_____
_____

_____
_____ **Für morgen nehme ich mir vor:**
_____

Wochentag: _____ Datum: _____

Meine Stimmung heute war: 😊 😐 ☹️ ☹️

Deshalb war dieser Tag besonders:
_____
_____
_____

_____
_____
_____
Dafür bin ich dankbar:

So habe ich mir es heute gut gehen lassen:

_____
_____
_____

Tolle Dinge, die ich heute erlebt habe:

_____
_____
_____

Heute habe ich Folgendes gelernt:
_____
_____
_____

_____
_____
_____
Für morgen nehme ich mir vor:

Wochentag: _____ Datum: _____

Meine Stimmung heute war: 🙂 🙂 😐 🙁

Deshalb war dieser Tag besonders:	_____
	_____
	_____

_____ | Dafür bin ich dankbar:
_____ |
_____ |

So habe ich mir es heute gut gehen lassen:

_____
_____
_____

Tolle Dinge, die ich heute erlebt habe:

_____
_____
_____

Heute habe ich Folgendes gelernt:	_____
	_____
	_____

_____ | Für morgen nehme ich mir vor:
_____ |
_____ |

Wochentag: _____ Datum: _____

Meine Stimmung heute war: 😊 😊 😐 ☹️

Deshalb war dieser Tag besonders:
_____
_____
_____

_____
_____
_____
Dafür bin ich dankbar:

So habe ich mir es heute gut gehen lassen:

_____
_____
_____

Tolle Dinge, die ich heute erlebt habe:

_____
_____
_____

Heute habe ich Folgendes gelernt:
_____
_____
_____

_____
_____
_____
Für morgen nehme ich mir vor:

Wochentag: _____ Datum: _____

Meine Stimmung heute war: 😊 😐 😕 ☹️

| Deshalb war dieser Tag besonders: | _____
_____
_____ |

_____
_____ | Dafür bin ich dankbar:
_____

So habe ich mir es heute gut gehen lassen:

_____
_____
_____

Tolle Dinge, die ich heute erlebt habe:

_____
_____
_____

| Heute habe ich Folgendes gelernt: | _____
_____
_____ |

_____
_____ | Für morgen nehme ich mir vor:
_____

Wochentag: _____ Datum: _____

Meine Stimmung heute war: 😊 😐 😑 ☹️

Deshalb war dieser Tag besonders:

_____
_____
_____

_____
_____
_____

Dafür bin ich dankbar:

So habe ich mir es heute gut gehen lassen:

_____
_____
_____

Tolle Dinge, die ich heute erlebt habe:

_____
_____
_____

Heute habe ich Folgendes gelernt:

_____
_____
_____

_____
_____
_____

Für morgen nehme ich mir vor:

Wochentag: _____ Datum: _____

Meine Stimmung heute war: 😊 😐 😐 ☹️

Deshalb war
dieser Tag
besonders:
_____
_____
_____

_____
_____
_____
Dafür bin ich
dankbar:

So habe ich mir es heute gut gehen lassen:

_____
_____
_____

Tolle Dinge, die ich heute erlebt habe:

_____
_____
_____

Heute habe
ich Folgendes
gelernt:
_____
_____
_____

_____
_____
_____
Für morgen
nehme ich
mir vor:

Wochentag: _____ Datum: _____

Meine Stimmung heute war: 😊 😐 😕 ☹️

Deshalb war
dieser Tag
besonders: _____
_____
_____

_____
_____   Dafür bin ich
_____   dankbar:

So habe ich mir es heute gut gehen lassen:

_____
_____
_____

Tolle Dinge, die ich heute erlebt habe:

_____
_____
_____

Heute habe
ich Folgendes
gelernt: _____
_____
_____

_____
_____   Für morgen
_____   nehme ich
mir vor:

»Achte
auf das Kleine
in der Welt,
das macht das Leben
reicher
und zufriedener.«

Carl Hilty (1833—1909)

Wochentag: _____Datum: _____

Meine Stimmung heute war: 😊 😐 😕 ☹️

Deshalb war dieser Tag besonders:

_____
_____
_____

_____
_____
_____

Dafür bin ich dankbar:

So habe ich mir es heute gut gehen lassen:

_____
_____
_____

Tolle Dinge, die ich heute erlebt habe:

_____
_____
_____

Heute habe ich Folgendes gelernt:

_____
_____
_____

_____
_____
_____

Für morgen nehme ich mir vor:

Wochentag: _____ Datum: _____

Meine Stimmung heute war: 🙂 😐 😐 🙁

| Deshalb war dieser Tag besonders: | _____
_____
_____ |

| _____
_____
_____ | Dafür bin ich dankbar: |

So habe ich mir es heute gut gehen lassen:

_____
_____
_____

Tolle Dinge, die ich heute erlebt habe:

_____
_____
_____

| Heute habe ich Folgendes gelernt: | _____
_____
_____ |

| _____
_____
_____ | Für morgen nehme ich mir vor: |

Wochentag: _____ Datum: _____

Meine Stimmung heute war: 😊 😐 😑 ☹️

Deshalb war dieser Tag besonders:
_____
_____
_____

_____
_____
_____
Dafür bin ich dankbar:

So habe ich mir es heute gut gehen lassen:

_____
_____
_____

Tolle Dinge, die ich heute erlebt habe:

_____
_____
_____

Heute habe ich Folgendes gelernt:
_____
_____
_____

_____
_____
_____
Für morgen nehme ich mir vor:

Wochentag: _____ Datum: _____

Meine Stimmung heute war: 😊 😐 😕 ☹️

| Deshalb war dieser Tag besonders: | _____ _____ _____ |

_____
_____
_____
Dafür bin ich dankbar:

So habe ich mir es heute gut gehen lassen:

_____
_____
_____

Tolle Dinge, die ich heute erlebt habe:

_____
_____
_____

| Heute habe ich Folgendes gelernt: | _____ _____ _____ |

_____
_____
_____
Für morgen nehme ich mir vor:

Wochentag: _____ Datum: _____

Meine Stimmung heute war:

Deshalb war
dieser Tag
besonders:

_____

_____

_____

_____

_____

_____

Dafür bin ich
dankbar:

So habe ich mir es heute gut gehen lassen:

_____

_____

_____

Tolle Dinge, die ich heute erlebt habe:

_____

_____

_____

Heute habe
ich Folgendes
gelernt:

_____

_____

_____

_____

_____

_____

Für morgen
nehme ich
mir vor:

Wochentag: _____ Datum: _____

Meine Stimmung heute war: 😊 😐 😕 ☹️

| Deshalb war dieser Tag besonders: | _____ _____ _____ |

_____
_____
_____ | Dafür bin ich dankbar: |

So habe ich mir es heute gut gehen lassen:

_____
_____
_____

Tolle Dinge, die ich heute erlebt habe:

_____
_____
_____

| Heute habe ich Folgendes gelernt: | _____ _____ _____ |

_____
_____
_____ | Für morgen nehme ich mir vor: |

Wochentag: _____ Datum: _____

Meine Stimmung heute war: 😊 😐 😐 ☹️

Deshalb war dieser Tag besonders:
_____
_____
_____

_____
_____
_____
Dafür bin ich dankbar:

So habe ich mir es heute gut gehen lassen:

_____
_____
_____

Tolle Dinge, die ich heute erlebt habe:

_____
_____
_____

Heute habe ich Folgendes gelernt:
_____
_____
_____

_____
_____
_____
Für morgen nehme ich mir vor:

Wochentag: _____ Datum: _____

Meine Stimmung heute war: 🙂 😐 😐 🙁

| Deshalb war dieser Tag besonders: | _____ _____ _____ |

_____
_____
_____

| Dafür bin ich dankbar: |

So habe ich mir es heute gut gehen lassen:

_____
_____
_____

Tolle Dinge, die ich heute erlebt habe:

_____
_____
_____

| Heute habe ich Folgendes gelernt: | _____ _____ _____ |

_____
_____
_____

| Für morgen nehme ich mir vor: |

Wochentag: _____ Datum: _____

Meine Stimmung heute war: 😊 😐 😕 ☹️

Deshalb war dieser Tag besonders:
_____
_____
_____

_____
_____
_____
Dafür bin ich dankbar:

So habe ich mir es heute gut gehen lassen:

_____
_____
_____

Tolle Dinge, die ich heute erlebt habe:

_____
_____
_____

Heute habe ich Folgendes gelernt:
_____
_____
_____

_____
_____
_____
Für morgen nehme ich mir vor:

Wochentag: _____ Datum: _____

Meine Stimmung heute war: 🙂 😐 😐 🙁

Deshalb war
dieser Tag
besonders:
_____
_____
_____

_____
_____
_____
Dafür bin ich
dankbar:

So habe ich mir es heute gut gehen lassen:

_____
_____
_____

Tolle Dinge, die ich heute erlebt habe:

_____
_____
_____

Heute habe
ich Folgendes
gelernt:
_____
_____
_____

_____
_____
_____
Für morgen
nehme ich
mir vor:

»Nicht
die Glücklichen
sind dankbar.
Es sind
die Dankbaren,
die glücklich sind.«

Francis Bacon (1909–1992)

Wochentag: _____ Datum: _____

Meine Stimmung heute war: 😊 😐 😐 ☹️

Deshalb war
dieser Tag
besonders:
_____
_____
_____

_____
_____
_____
Dafür bin ich
dankbar:

So habe ich mir es heute gut gehen lassen:

_____
_____
_____

Tolle Dinge, die ich heute erlebt habe:

_____
_____
_____

Heute habe
ich Folgendes
gelernt:
_____
_____
_____

_____
_____
_____
Für morgen
nehme ich
mir vor:

Wochentag: _____ Datum: _____

Meine Stimmung heute war: 😊 🙂 😐 🙁

Deshalb war dieser Tag besonders:
_____
_____
_____

_____
_____
_____
Dafür bin ich dankbar:

So habe ich mir es heute gut gehen lassen:

_____
_____
_____

Tolle Dinge, die ich heute erlebt habe:

_____
_____
_____

Heute habe ich Folgendes gelernt:
_____
_____
_____

_____
_____
_____
Für morgen nehme ich mir vor:

Wochentag: _____ Datum: _____

Meine Stimmung heute war: 🙂 😐 😶 🙁

| Deshalb war dieser Tag besonders: | _____
 _____
 _____ |

_____
_____
_____

Dafür bin ich dankbar:

So habe ich mir es heute gut gehen lassen:

_____
_____
_____

Tolle Dinge, die ich heute erlebt habe:

_____
_____
_____

| Heute habe ich Folgendes gelernt: | _____
 _____
 _____ |

_____
_____
_____

Für morgen nehme ich mir vor:

Wochentag: _____Datum: _____

Meine Stimmung heute war:

Deshalb war
dieser Tag
besonders:
_____
_____
_____

_____
_____
_____
Dafür bin ich
dankbar:

So habe ich mir es heute gut gehen lassen:

_____
_____
_____

Tolle Dinge, die ich heute erlebt habe:

_____
_____
_____

Heute habe
ich Folgendes
gelernt:
_____
_____
_____

_____
_____
_____
Für morgen
nehme ich
mir vor:

Wochentag: _____ Datum: _____

Meine Stimmung heute war: 😊 😊 😐 ☹️

Deshalb war dieser Tag besonders:
_____
_____
_____

_____
_____
_____
Dafür bin ich dankbar:

So habe ich mir es heute gut gehen lassen:

_____
_____
_____

Tolle Dinge, die ich heute erlebt habe:

_____
_____
_____

Heute habe ich Folgendes gelernt:
_____
_____
_____

_____
_____
_____
Für morgen nehme ich mir vor:

Wochentag: _____ Datum: _____

Meine Stimmung heute war:

Deshalb war dieser Tag besonders:
_____
_____
_____

_____
_____
_____
Dafür bin ich dankbar:

So habe ich mir es heute gut gehen lassen:

_____
_____
_____

Tolle Dinge, die ich heute erlebt habe:

_____
_____
_____

Heute habe ich Folgendes gelernt:
_____
_____
_____

_____
_____
_____
Für morgen nehme ich mir vor:

Wochentag: _____Datum: _____

Meine Stimmung heute war: ☺ ☺ ☺ ☹

Deshalb war
dieser Tag
besonders:
_____
_____
_____

_____
_____   Dafür bin ich
_____   dankbar:

So habe ich mir es heute gut gehen lassen:

_____
_____
_____

Tolle Dinge, die ich heute erlebt habe:

_____
_____
_____

Heute habe
ich Folgendes
gelernt:
_____
_____
_____

_____
_____   Für morgen
_____   nehme ich
                                            mir vor:

Wochentag: _____Datum: _____

Meine Stimmung heute war: 😊 😐 😐 ☹️

Deshalb war
dieser Tag
besonders:
_____
_____
_____

_____
_____
_____
Dafür bin ich
dankbar:

So habe ich mir es heute gut gehen lassen:

_____
_____
_____

Tolle Dinge, die ich heute erlebt habe:

_____
_____
_____

Heute habe
ich Folgendes
gelernt:
_____
_____
_____

_____
_____
_____
Für morgen
nehme ich
mir vor:

Wochentag: _____Datum: _____

Meine Stimmung heute war: 😊 😐 😑 ☹️

Deshalb war
dieser Tag
besonders:

_____
_____
_____

_____
_____
_____

Dafür bin ich
dankbar:

So habe ich mir es heute gut gehen lassen:

_____
_____
_____

Tolle Dinge, die ich heute erlebt habe:

_____
_____
_____

Heute habe
ich Folgendes
gelernt:

_____
_____
_____

_____
_____
_____

Für morgen
nehme ich
mir vor:

Wochentag: _____ Datum: _____

Meine Stimmung heute war: 😊 🙂 😐 ☹️

Deshalb war
dieser Tag
besonders:
_____
_____
_____

_____
_____
_____
Dafür bin ich
dankbar:

So habe ich mir es heute gut gehen lassen:

_____
_____
_____

Tolle Dinge, die ich heute erlebt habe:

_____
_____
_____

Heute habe
ich Folgendes
gelernt:
_____
_____
_____

_____
_____
_____
Für morgen
nehme ich
mir vor:

»Wenn wir
Freude am Leben
haben, kommen
die Glücksmomente
von selber.«

Ernst Ferstl (*1955)

Wochentag: _____ Datum: _____

Meine Stimmung heute war: 😊 😐 😐 ☹️

Deshalb war dieser Tag besonders:
_____
_____
_____

_____
_____
_____
Dafür bin ich dankbar:

So habe ich mir es heute gut gehen lassen:

_____
_____
_____

Tolle Dinge, die ich heute erlebt habe:

_____
_____
_____

Heute habe ich Folgendes gelernt:
_____
_____
_____

_____
_____
_____
Für morgen nehme ich mir vor:

Wochentag: _____ Datum: _____

Meine Stimmung heute war: 🙂 😐 😐 🙁

Deshalb war dieser Tag besonders:
_____
_____
_____

_____
_____
_____
Dafür bin ich dankbar:

So habe ich mir es heute gut gehen lassen:

_____
_____
_____

Tolle Dinge, die ich heute erlebt habe:

_____
_____
_____

Heute habe ich Folgendes gelernt:
_____
_____
_____

_____
_____
_____
Für morgen nehme ich mir vor:

Wochentag: _____Datum: _____

Meine Stimmung heute war: 😊 😐 😑 ☹️

Deshalb war dieser Tag besonders:
_____
_____
_____

_____
_____
_____
Dafür bin ich dankbar:

So habe ich mir es heute gut gehen lassen:

_____
_____
_____

Tolle Dinge, die ich heute erlebt habe:

_____
_____
_____

Heute habe ich Folgendes gelernt:
_____
_____
_____

_____
_____
_____
Für morgen nehme ich mir vor:

Wochentag: _____Datum: _____

Meine Stimmung heute war: 😊 😐 😐 ☹️

Deshalb war
dieser Tag
besonders:
_____
_____
_____

_____
_____
_____
Dafür bin ich
dankbar:

So habe ich mir es heute gut gehen lassen:

_____
_____
_____

Tolle Dinge, die ich heute erlebt habe:

_____
_____
_____

Heute habe
ich Folgendes
gelernt:
_____
_____
_____

_____
_____
_____
Für morgen
nehme ich
mir vor:

Wochentag: _____ Datum: _____

Meine Stimmung heute war: 😊 🙂 😐 ☹️

Deshalb war dieser Tag besonders:	_____
	_____
	_____

_____ | Dafür bin ich dankbar:

So habe ich mir es heute gut gehen lassen:

_____
_____
_____

Tolle Dinge, die ich heute erlebt habe:

_____
_____
_____

Heute habe ich Folgendes gelernt:	_____
	_____
	_____

_____ | Für morgen nehme ich mir vor:

Wochentag: _____ Datum: _____

Meine Stimmung heute war: 😊 😊 😐 ☹️

| Deshalb war dieser Tag besonders: | _____
_____
_____ |

| _____
_____
_____ | Dafür bin ich dankbar: |

So habe ich mir es heute gut gehen lassen:

_____
_____
_____

Tolle Dinge, die ich heute erlebt habe:

_____
_____
_____

| Heute habe ich Folgendes gelernt: | _____
_____
_____ |

| _____
_____
_____ | Für morgen nehme ich mir vor: |

»Die wahre
Lebenskunst
besteht darin,
im Alltäglichen
das Wunderbare
zu sehen.«

Pearl S. Buck (1892—1973)

Wie geht es jetzt weiter?

Das hast du klasse gemacht! Jetzt kannst du dich erst mal selbst loben, weil du drangeblieben bist, denn das ist nicht selbstverständlich. Es zeigt, wie motiviert und zielstrebig du bist, deine Gewohnheiten nachhaltig zu verändern. Das freut mich sehr.

Wenn du alle Themen schon zu deiner Zufriedenheit umgesetzt hast, dann beglückwünsche ich dich und freue mich, dass ich dich auf diesem Weg begleiten durfte.

Hast du für dich noch Potenzial erkannt, dann gibt es jetzt tolle Möglichkeiten, dieses Potenzial zu heben:

Für eine regelmäßige Motivation und Input zu den Themen »Wohlfühlen«, »Ernährung« und »Selbstvertrauen« folge mir gern auf meiner Facebook-Seite »Petra Baron«. Hier erhältst du praktische Tipps für deinen Alltag, Mutmacher und Impulse zum Dranbleiben.

Wenn du dich zusätzlich noch mit anderen zu diesen Themen austauschen magst, werde Teil der Facebook-Gruppe »Wohlfühlen«. Hier gibt es Mutmacher und Unterstützung von allen Seiten. Tausch dich mit Gleichgesinnten aus und erreich so schneller deine Ziele.

Du willst wissen, wie weit du schon gekommen bist? Dann schau mal auf die folgenden Punkte:

Das hat sich bisher verändert:

_____

_____

_____

Diese neuen Gewohnheiten habe ich in mein Leben integriert:

_____

_____

_____

Das war mein größtes Aha-Erlebnis:

_____

_____

_____

Dieses Ziel möchte ich erreichen:

_____

_____

_____

Das hält mich bisher davon ab, mein Ziel zu erreichen:

_____

_____

_____

Das passiert, wenn ich mein Ziel nicht erreiche:

_____

_____

_____

Das brauche ich, um mein Ziel zu erreichen:

_____

_____

_____

Wenn du bei dem letzten Punkt nicht genau weißt, was du brauchst oder wie du da hinkommst, dann meld dich gern bei mir, und ich unterstütze dich dabei.

Mehr von Petra Baron:

Schau dir Petras kostenfreies Webinar an!
https://petrabaron.de/p01/webinarlandingpage/

Hol dir das Buch zur Diary und erfahre wie du dein Projekt „Wohlfühlgewicht" mit Leichtigkeit umsetzt:
https://petrabaron.de/p01/buchpizzadiaetlandingpage/

Hol dir Petras Onlinekurs und erfahre in zehn Kurseinheiten alles über deinen Weg zu mehr Wohlbefinden und Gesundheit!
https://petrabaron.de/p01/onlinekurslandingpage/

Frag Petra nach einem individuellen Coaching!
https://petrabaron.de/p01/coachinglandingpage/

Eine Übersicht über alle Links findest du unter:
https://petrabaron.de/links/

Petra freut sich, von dir zu hören!

Zeitfracht Medien GmbH
Ferdinand-Jühlke-Straße 7
99095 Erfurt, Deutschland
produktsicherheit@kolibri360.de